FAMILLES LYONNAISES

FAMILLES LYONNAISES

DUGAS DE BOIS-SAINT-JUST

PAR

M. MOREL DE VOLEINE

LYON

IMPRIMERIE D'AIMÉ VINGTRINIER

RUE DE LA BELLE-CORDIÈRE, 14

1866

FAMILLES LYONNAISES

DUGAS DE BOIS SAINT-JUST.

M. le marquis Dugas , mort le 12 mai 1866 , était le dernier représentant d'une famille ancienne à Lyon et dont le nom se trouve intimement lié à l'histoire administrative de la ville pendant un siècle et demi. Il est à propos, dans un Recueil tout lyonnais, de donner sur elle une Notice détaillée et de compléter ce qu'en a dit Pernetti dans ses *Lyonnais dignes de mémoire*. Selon cet auteur, la famille *Dugas* ou *Dugaz* était originaire de Lyon ou du village de *Thurins*, bourg, paroisse et seigneurie en Lyonnais qui, en 1762, dépendait du comté de Lyon et anciennement de l'*Isle-Barbe*. Son premier auteur connu est *Guillaume Dugas*, bourgeois de Lyon, qui, en 1492, épousa *Catherine Artaud* et fut père de *Jean*.

IIᵉ degré. *Jean Dugas*, officier de l'élection, épousa, en 1542, *Marguerite Dussuc* (1), dont il eut *Pierre Dugas*.

III. *Pierre Dugas*, né en 1551, était notaire et juge châtelain de Thurins ; sa veuve, *Aymée Dallier*, et son fils *Louis*, donnèrent le dénombrement de leurs possessions le 29 avril 1621 (2). Selon Pernetti, il aurait reçu, en 1589, des lettres d'Henry III, lui recommandant de maintenir le pays de Thurins et ses environs dans l'obéissance, contre les entrepri-

---

(1) Ce nom est probablement altéré ; on ne le rencontre pas à Lyon, et l'on trouve au contraire un *Pierre Suc*, conseiller de ville en 1579.

(2) De Valous, *Origines consulaires*.

ses du duc de Nemours. D'après une généalogie manuscrite, il aurait été établi commandant du château de Thurins par commission du 24 janvier 1594, ce qui semble n'être autre chose que la charge de juge-châtelain citée par M. de Valous d'après des pièces authentiques, et transformée en une commission militaire pour donner plus de relief à la généalogie. On lui donne aussi pour femme *Jeanne de La Tour des Champs*, ce qui constitue une alliance fort douteuse. La *Tour des Champs* n'est autre chose que le fief appelé depuis *Tour de la Belle-Allemande*, possédé alors par les Cléberg, dont le dernier mourut en 1596 (1). Néanmoins, *Louis Dugas*, fils de Pierre, est qualifié de seigneur de la *Tour des Champs*. Les fiefs en Lyonnais ayant subi de fréquents changements de propriétaires, il est possible que celui-ci ait été acheté par Louis ou transmis par sa mère, qui en aurait pris le nom dans son contrat et qui aurait été une seconde femme de Pierre.

Pierre Dugas eut pour enfants :

1° Jean-Baptiste Dugas, qui servit dans la marine et mourut sans alliance ;

2° N....., mariée à Charles de Bourgogne (2) ;

3° Louis, qui suit.

IV. Louis Dugas, seigneur de Bois-Saint-Just, né en 1582, conseiller en l'élection, subdélégué de l'intendance, échevin en 1658.

Selon les mémoires manuscrits de M. M...., il jouissait de l'estime de ses concitoyens. Il acheta du grand-père du maréchal de Villars la charge de premier président aux Cours de Lyon et une maison rue du Bœuf, à laquelle était atta-

(1) Voir le numéro de mai 1866 de la *Revue* : article sur la maison des Bellièvre.

(2) De *Bourgongne*, famille de Lorraine, dont était Pierre-François de *Bourgongne*, receveur du Grenier à sel, secrétaire du roi près la Cour des monnaies de Lyon, mort en 1757. (Borel d'Hauterive, *Annuaire* de 1862.)

chée le droit de *was* (1), ou d'avoir une sépulture dans l'é-
glise de Sainte-Croix. Il épousa, en 1632, Jeanne du Pin (2),
dont il eut :

1° Louis II°, qui suit ;

2° et 3° Deux fils morts garçons ;

4° Marie Dugas, qui épousa Barthélemy Hesseler, fils de
Georges-Nicolas Hesseler, pelletier, originaire de Francfort,
établi à Lyon, sur le quai Saint-Antoine, et père de Barthé-
lemy-Joseph Hesseler, baron de Bagnols et de Marzé, conseiller à la Cour des monnaies, famille fondue dans celles des
Cholier de Cibeins et Croppet de Varissan ;

5° Jeanne Dugas, qui épousa Louis Deschamps de Messimieux (3).

(1) Voir sur ce mot le *Glossaire du langage lyonnais* de M. Onofrio.

(2) En 1464, il y a un conseiller de ville du nom d'Estienne du Pin.

(3) Deschamps, famille de Lyon qui remonte à maître François Deschamps, docteur, conseiller de ville en 1515, et qui a fourni des trésoriers
de France, un chanoine d'Ainay et des conseillers au parlement de Dombes. Le fief de Messimieux, près Anse, fut acheté, en 1719, par Antoine
Trollier, conseiller d'honneur à la Cour des monnaies, dont le père, Claude
Trollier, échevin en 1681, avait épousé Marie-Anne Deschamps. Il a été
revendu il y a quelques années par M. Alexandre de Messimieux, descendant au 5° degré de Claude. Nicolas Deschamps possédait le fief d'Epeisses
à Cogny-en-Beaujolais, où il mourut en 1743. Le fief fut vendu en 1758,
par suite d'une déconfiture de cette famille, et acheté par mon grand-père.
Dans une chapelle de l'ancienne église de Cogny, dépendante du fief,
étaient les armes des Deschamps sculptées à la clef de voûte (d'azur à 3
bourdons d'or en pal chargés chacun d'une coquille de gueules). Lors de
la démolition de cette église, l'écusson a été brisé et mêlé aux décom-
bres. Dans cette chapelle se trouvait aussi le tableau de Carlo Dolci que
j'ai signalé dans la *Semaine religieuse* du mois de juillet 1864, et dont
M. le directeur de la *Revue* m'a demandé la provenance. A-t-il été donné
par la famille Deschamps, qui était fort riche, ou par ses prédécesseurs,
ou par mon grand-père, qui possédait quelques beaux tableaux ? C'est ce
que je n'ai pu découvrir encore.

Une autre branche de cette famille avait pour auteur Nicolas-Clair Deschamps, marquis de Chaumon, agent des affaires du roi de Sardaigne, qui

V. Louis Dugas, seigneur de Bois-Saint-Just, Savounoux,
Quinsonnas, Thurins et La Tour des Champs, naquit à Lyon
en 1633, fut conseiller en la sénéchaussée, lieutenant-général de police, auditeur de camp, échevin en 1680 et prévost
des marchands en 1696. Il mourut le 6 janvier 1728, à
88 ans. « Il avait (disent les mémoires manuscrits de M. M...),
de l'esprit et de l'agrément ; il était homme de plaisir, grand
et beau joueur, politique et grand courtisan, sans avoir
beaucoup d'acquit et d'érudition ; il ne s'est soutenu que par
les libéralités de la ville et les gratifications que le maréchal
lui faisait avoir. Il avait toujours fait de la dépense. Il était
tombé dans l'enfance quelques années avant sa mort. Il a
été enterré à Saint-Nizier, sa paroisse, et logeait avec son
fils, rue Saint-Dominique. » (Voir Pernetti, *Lyonnais dignes
de mémoire*. Cet auteur parle longuement de Louis, de Laurent et de Pierre Dugas et fait un grand éloge de leurs ta-
lents, de leur caractère et de leur administration).

Louis Dugas épousa, en 1669, Claudine Bottu de la Bar-
mondière, fille d'Alexandre Bottu, seigneur de la Barmon-
dière, et d'Elisabeth Bessié de La Fontaine, laquelle mourut
le 5 mars 1724, à 78 ans, en avalant une médecine de pré-
caution (1). Leurs enfants furent :

épousa la fille de M. Bouchage, échevin en 1703, et en eut un fils, page
du roi de Sardaigne. Cette branche paraît s'être fixée en Savoie, où, je crois,
elle subsiste encore. Ses armes sont peintes dans les corridors d'un des
hospices de Chambéry, parmi celles des donateurs.

(1) Voir sur la famille Bottu, représentée aujourd'hui par M. de Limas,
la généalogie insérée dans *l'Annuaire* de Borel d'Hauterive, les *Mémoires
sur le Beaujolais* de Louvet et les *Origines des familles consulaires* de
M. de Valous. La Fontaine, château en bas de Saint-Try, entre Anse et
Villefranche, est un type précieux de l'architecture féodale dans nos con-
trées. Il possède cette originalité et ce pittoresque qui font si complètement défaut aux modernes constructions, et semble un reproche perma-
nent aux faiseurs de toits pointus, de chalets, de maisonnettes du Nord si
déplacées dans nos paysages lyonnais.

1° Laurent, qui suit ;

2° et 3° Deux filles religieuses ;

4° Marie Dugas, qui épousa, en 1695, Nicolas Bellet, seigneur de Tavernost, Cruix, etc., premier président au parlement de Dombes, de qui descendent MM. de Tavernost, de Saint-Trivier et de Montbrian.

VI. Laurent Dugas, né à Lyon en 1670, fut conseiller en la sénéchaussée en 1696, premier président en 1698, auditeur de camp, lieutenant-général de police, prévost des marchands de 1724 à 1730 (1). Il épousa en premières noces Marguerite Croppet, fille de Jean-Louis Croppet de Varissan, baron de Bagnols et de Marzé, et de Marie-Anne Hesseler (2), et en deuxièmes noces Marie-Anne Basset.

Du premier lit il eut :

Pierre Dugas, qui suit.

Du deuxième lit il eut :

1° Louis Dugas, qui fit la seconde branche ;

2° Jean-Baptiste Dugas, jésuite ;

3° Jeanne Dugas, religieuse à Vienne ;

(1) « Le nouveau prévost des marchands a la réputation d'un honnête homme, qui a de l'esprit, de l'érudition autant que personne dans la ville, et avec cela de la religion et de la piété. Le maréchal de Villeroy aime fort son père, qui est un de ses vieux amis. C'est une chose remarquable ici de voir un prévost des marchands qui a encore son père vivant, qui a été prévost des marchands. »

« Décembre 1727. M. Dugas continue prévost des marchands. C'est un homme très-doux, sage et pieux et point entreprenant. Il est un peu trop dévot, défaut rare dans les personnes en place. (Manuscrit de M. M...)

Laurent Dugas fut, en 1716, député auprès du Roi par la Cour des monnaies, et ce fut sous son administration que l'on construisit les greniers d'abondance. L'Académie des sciences et belles-lettres, qu'il contribuait à former et à maintenir, s'assembla longtemps chez lui. Il mourut à Lyon le 8 mars 1748. (V. Pernetti.)

(2) Sur les Croppet de Varissan, voir le *Recueil de documents pour servir à l'histoire de l'ancien gouvernement de Lyon*, par M. M...de V. et de Charpin.

4° François Dugas de Quinsonnas, membre de l'Académie de Lyon, mort garçon, le 31 juillet 1768. (Péricaud).

5° Marie Dugas de Souzy, officier, mort sans postérité ;

6° N....., mariée à Philibert Arthaud de Bellevue (1).

VII. Pierre Dugas, né à Lyon le 11 juillet 1701, mort à
Thurins le 26 avril 1767, fut président de la Cour des monnaies, prévost des marchands en 1751 (2), auditeur de
camp et membre de l'Académie de Lyon. Il épousa, en 1725,
Marianne Bourgelat (3), fille de Pierre Bourgelat, échevin,
et de Geneviève Terrasson, dont il eut :

1° Estienne Dugas, qui suit ;

2° Catherine Dugas, mariée en 1753 à François Morel,
seigneur d'Épeisses, conseiller en la Cour des monnaies de
Lyon.

(1) Philibert Arthaud de Bellevue, fils d'André Arthaud, échevin en
1677, et de Mlle de Masso, est l'arrière-grand-père de M. Dominique-César
Arthaud de La Ferrière, chambellan de l'Empereur.

(2) Le portrait de Pierre Dugas a été placé dans une des salles du Palais-
du-Commerce. On devait y mettre le portrait de Laurent Dugas son père.
Ayant eu l'occasion de prêter au peintre qui en était chargé un bon portrait
de Pierre, qui est en ma possession, pour vérifier les détails du costume,
on a jugé plus convenable de le copier entièrement et d'avoir ainsi un
portrait authentique plutôt que de prêter une figure de convention à Laurent Dugas. M. de Fabrias possède un autre portrait de Pierre Dugas d'une
magnifique exécution ; il est de François de Troy.

(3) Pierre Bourgelat, négociant, puis échevin en 1706, eut quatre enfants : 1° Pierrette, qui épousa M. Fayard de Champagneux, dont la famille
est représentée aujourd'hui par M. Paul Riant, membre du Conseil général de Seine-et-Oise ; 2° Marianne, mariée à Pierre Dugas ; 3° Anne, qui
épousa Estienne Prost de Grange-Blanche, chevalier de justice de Notre-
Dame du Mont-Carmel et de Saint-Lazare, avocat et procureur général de
la ville de Lyon. Cette famille est éteinte ; 4° Claude Bourgelat, fondateur
et inspecteur général des écoles vétérinaires de France, qui mourut sans
postérité de sa femme, Mlle Cochardet, en 1759. J'ai de ce personnage
célèbre un fort bon portrait en miniature, dans lequel il porte pour bou-
cles d'oreilles deux petits fers de cheval.

Pierre Dugas épousa en deuxièmes noces Victoire de Ponsaimpierre, fille de Dominique de Ponsaimpierre, seigneur du Perron, conseiller d'honneur à la Cour des monnaies, membre de l'Académie de Lyon et de Bonne d'Ambournay (1), dont il n'eut pas d'enfants.

VIII. Estienne Dugas, né à Lyon en 1732, mort à Thurins, fut lieutenant criminel en la sénéchaussée et reçu président de la Cour des monnaies le 13 décembre 1757. Il épousa en premières noces Mlle Chol de Clercy, dont il eut un fils mort jeune, et en deuxièmes noces Jeanne-Catherine Cantarelle de Dommartin, dont il eut :

1° Bonne, mariée à M. Sauzet de Fabrias ;

2° Rosalie, mariée à M. Donin de Rozières.

DEUXIÈME BRANCHE.

VII. Louis Dugas, seigneur de Bois-Saint-Just, né à Lyon, épousa, en 1737, Marie-Louise Laurent, fille de Jean Laurent, capitaine de la bourgeoisie de Montluel en Bresse. Il fut père de :

1° Jean-Louis Dugas, qui suit ;

2° Jeanne Dugas, mariée à M. Grimod de Riverie, d'où Jeanne-Claudine-Françoise-Estienette de Riverie, mariée en

(1) Ponsaimpierre. La tige de cette famille était François de Ponsaimpierre, négociant lucquois, marié à Marie Croppet et père de Lambert de Ponsaimpierre, échevin en 1675. Les d'Ambournay ou Dambournay paraissent avoir occupé un rang fort honorable à Lyon, et leurs armes sont fort belles : d'or, au chevron de gueules accompagné de trois tourteaux de même au franc quartier d'azur chargé d'une étoile d'or ; mais je n'ai pu retrouver ni leur origine ni leur filiation. Le père de Mme de Ponsaimpierre est désigné comme un riche marchand de fer. Jean d'Ambournay était bourgeois de Lyon et capitaine pennon en 1697. Alexandre d'Ambournay, prêtre de l'Isle-Barbe, fonda le 3 mars 1708 une prébende à Saint-Rambert.

1783 à Pierre de Montherot, père de M. de Montherot de l'Académie de Lyon ;

3° N....., mariée à M. du Boys, à Grenoble.

VIII. Jean-Louis-Marie Dugas de Bois-Saint-Just, seigneur du marquisat de Villars-en-Bresse, fit ses preuves en 1759 pour l'École des chevau-légers, fut nommé enseigne au régiment des gardes-françaises en 1760. Il mourut le 13 mai 1820, à Saint-Genis-Laval, laissant quelques ouvrages d'histoire et de littérature (1). Il avait épousé, en 1769, Benoîte-Geneviève Maindestre, fille d'Antoine Maindestre, seigneur de la Sarra, ancien trésorier de France, petite-fille d'Estienne Maindestre, échevin en 1726 (2), et de Simonne Tolosan, dont il eut :

IX. Antoine-Alexandre, dit le marquis Dugas ou du Gast, mort à Lyon le 12 mai 1866, à 93 ans. Il avait un frère qui mourut à l'âge de 15 ans.

Après l'histoire viennent les légendes. A côté d'une filiation régulière on trouve toujours une généalogie fabriquée, embellie de manière à présenter les plus obscurs personnages comme des célébrités. La vanité humaine le veut ainsi, et personne n'en est exempt. Parmi les accessoires généalogiques, il en est de complètement absurdes, et nous n'avons pas à nous en occuper. D'autres présentent certaines probabilités, sont fondés sur des coïncidences de faits, sur des similitudes de noms, et si l'on ne peut les élever au rang des faits certains, du moins il est difficile de démontrer qu'ils sont faux. En tout cas, ce sont des documents à consulter, curieux, et dont nous devons tenir compte.

(1) Ces ouvrages sont : *Paris, Versailles et les provinces*, recueil d'anecdotes, et *les Sires de Beaujeu*, roman historique emprunté à l'*Histoire de l'abbaye de l'Isle-Barbe*.

(2) Estienne Maindestre était originaire d'Orléans et avait épousé Geneviève de Madières.

Ainsi, les Dugas prétendaient être originaires d'Espagne et avoir une commune origine avec la famille du marquis du Gast, général célèbre sous Charles-Quint, père du marquis de Pescaire, et issu de la maison d'Avalos, et avec celle du chevalier du Gast, favori d'Henry III.

N..... du Gast, gentilhomme de Xaintonge sous Henri IV, reçut, en considération de ses services maritimes, la permission d'ajouter une ancre à ses armes qui étaient d'azur à cinq besants d'or en sautoir. Les armes des Dugas de Lyon présentent en effet quelque analogie avec celles-ci ; elles sont d'azur au sautoir ondé d'or, cantonné de quatre besants de même. Et dans l'entrée du cardinal Chigi, en 1664, on trouve maître Louis du Gast élu et ancien échevin, dont les armes sont chargées d'une ancre de sable en abyme.

Il y eut, en 1575, un Louis du Gast mestre de camp, envoyé à Lyon pour diverses commissions importantes, qui peut, avec quelque apparence de probabilité, être cité comme ayant fait souche, ou comme étant parent de Pierre Dugas, notaire de Thurins, dont la filiation est indubitable. Mais voici une généalogie plus curieuse qui vient du cabinet de M. Planelli de la Valette et fait remonter les Dugas à Charlemagne, ni plus ni moins. Cette plaisanterie, exorbitante à première vue, cesse de l'être quand on considère la manière dont elle est arrangée. A ce compte, il n'y a pas de famille qui ne puisse en fournir une semblable, si l'on pouvait trouver le nom de tous ses ancêtres paternels et maternels. En effet, depuis Charlemagne jusqu'à nos jours dix siècles se sont écoulés. Dix siècles, cela fait à peu près trente générations, c'est-à-dire cinq cent trente-six millions, huit cent soixante et dix mille neuf cent douze ascendants. Il faudrait être bien malheureux, parmi cette multitude, de ne pas rencontrer un souverain, comme il serait bien difficile à un souverain de ne pas y rencontrer un aïeul de la plus basse condition. Voici comment procède cette filiation originale :

Marguerite Croppet, femme de Laurent Dugas, descendait, au sixième degré, d'Odet Croppet et de Marguerite Bullioud (1).

Marguerite Bullioud était fille de Pierre Bullioud et de Mérande de La Porte (2).

(1) Bullioud, très-ancienne famille de Lyon, qui remonte à Pierre Bullioud, conseiller de ville en 1427, dont étaient : 1° Symphorien Bullioud, chanoine de Saint-Just, évêque de Glandevès, de Bazas en 1515 et de Soissons en 1528, conseiller clerc au parlement de Paris, gouverneur du Milanais en 1509, ambassadeur de Louis XII auprès du Pape Jules II, grand aumônier de François Ier, mort à Soissons le 15 janvier 1533 (*Vide* Moreri et Péricaud) ; 2° Sybille Bullioud, dame d'honneur d'Anne de Bretagne ; 3° Antoine Bullioud, trésorier de l'épargne, conseiller d'État sous François Ier, pour lequel Philibert Delorme bâtit dans la rue Juiverie une maison citée comme un chef-d'œuvre d'architecture, même dans une ville et dans un quartier où toutes les maisons anciennes étaient si remarquables. Les Bullioud avaient deux autres maisons, rue du Bœuf et rue Saint-Jean, où sont leurs armes ; bien qu'inférieures à celle de la rue Juiverie, elles ne laissent pas que d'avoir leur mérite ; 4° Pierre Bullioud, fils du précédent, conseiller de ville en 1597, député de la ville auprès d'Henri IV, père du savant jésuite Pierre Bullioud, auteur du *Lugdunum priscum*, imprimé dans la collection des bibliophiles lyonnais ; 5° Marie-Aimée Bullioud, religieuse de la Visitation, morte en odeur de sainteté le 26 février 1636. (V. Pernetti.)

On trouve antérieurement à ceux-ci, Estienne, Gérard et Jean Bullioud de la maison du palais des archevêques en 1206.

(2) De La Porte, famille consulaire de Lyon. Leurs armes sont à la clef d'un arc de la magnifique maison qu'ils firent bâtir à l'angle de la rue Mercière et de la rue de la Monnaie et qui appartint ensuite à Horace Cardon. Que les connaisseurs et les artistes se hâtent d'étudier et de reproduire les dispositions curieuses, la science architecturale et l'élégance de détails qui distinguent cette construction : c'est une victime vouée d'avance aux démolisseurs.

Barthélemy, Amé, Hugues, Jean et Antoine de La Porte furent conseillers de ville de 1185 à 1586. Hugues et Jean de La Porte étaient imprimeurs au XVIe siècle. Antoine de La Porte, seigneur de Berthaz, receveur général des finances à Lyon, conseiller de ville en 1580, auteur de plusieurs ouvrages, se fit, en 1582, déclarer noble de race et descendant d'un gentilhomme de Provins. Eustache de La Porte, marié à Sidoine de Peyrat, fut conseiller au parlement de Paris en 1543.

Pierre Bullioud était fils de Aubert Bullioud et d'Antoinette Paterin.

Aubert Bullioud était fils de Claude Bullioud et de Grégoirette de Bellièvre.

Claude Bullioud était fils de Pierre Bullioud et de Louise de Saconnins, famille qui a donné un chanoine comte de Lyon, en 1565.

Nous allons maintenant, grâce à cette alliance avec une maison de haute noblesse, entrer dans l'histoire et dans des soudures généalogiques qui sont, sinon plus certaines du moins citées par les écrivains spéciaux, comme Guichenon, Moréri, le P. Anselme, etc.

Louise de Saconnins était fille de Pierre de Saconnins et de Huguette de Thurey.

Huguette de Thurey, fille de Girard de Thurey et de Gisle de Coligny.

Fille de Estienne de Coligny (1343) et de Léonor de Villars-Thoire.

Fille de Humbert de Villars-Thoire et de Léonor de Beaujeu.

Fille de Louis de Beaujeu et de Léonor de Savoye.

Fille de Thomas de Savoye et de Béatrix de Fiesque.

Lequel Thomas de Savoye descendait au treizième degré de Louis le Débonnaire, roi de France et empereur d'Allemagne, fils de Charlemagne et de Hildegarde de Souabe.

Et voilà comment un bourgeois de Lyon se trouve issu d'une famille souveraine.

Restif de la Bretonne s'était fabriqué une généalogie analogue et a publié sa filiation suivie jusqu'à l'empereur Pertinax, dont le nom de Restif était la traduction. Et combien de généalogies prétendues sérieuses sont plus hasardées que celle-là et moins divertissantes.